La historia de
la estrella de cine
ANNA MAY WONG

La historia de la estrella de cine ANNA MAY WONG

por **Paula Yoo**
con ilustraciones de **Lin Wang**
traducción por **Eida del Risco**

LEE & LOW BOOKS INC.
Nueva York

Un agradecimiento especial a mis editores, Jason Low y Jennifer Fox, por sus sabios consejos y orientación editorial.

Para Neil Levin, que tu estrella brille para siempre —P. Y.

Para Megan, Nicholas y Willson —L. W.

Originalmente publicado en inglés como *The Story of Movie Star Anna May Wong*
Crédito de fotos: p.16 dominio públio. • p.17 Foto por Túrelio, usada bajo una licencia génerica de Creative Commons Attribution-Share Alike 2.5, https://commons.wikimedia.org/wiki/File:Chinatown2_SF.jpg • p.25 UIG/cortesía de la Everett Collection • p.27 dominio público • Walt Disney Co./cortesía de la Everett Collection • p.44 dominio público • p.50 Mary Evans.Ronald Grant/cortesía de la Everett Collection.

LEE & LOW BOOKS INC.
381 Park Avenue South
New York, NY 10016
leeandlow.com

Traducción del texto por Eida del Risco
Notas informativas por Paula Yoo
Versión en inglés editada por Jennifer Fox y Kandace Coston
Versión en español editada por Stephanie Frescas Macías
Diseño del libro por NeuStudio
Producción del libro por The Kids at Our House
El texto de este libro usa la fuente Vollkorn
Las ilustraciones están renderizadas en acuarela y pintura acrílica
Fabricado en los Estados Unidos de América

10 9 8 7 6 5 4 3 2 1
Primera edición

Información de catalogación de publicaciones disponible en la Biblioteca del Congreso de los Estados Unidos.
ISBN 978-1-64379-712-0 (paperback) | ISBN 978-1-64379-713-7 (ebook)

Los hechos contenidos en este texto fueron verificados y todos los hiperenlaces estaban activos en el momento de la publicación original del libro. Ni la autora ni la editorial se responsabilizan de los cambios que se hayan realizado desde entonces.

CONTENIDO

CAPÍTULO UNO

SUEÑOS DE ESTRELLATO

Anna May Wong luchaba por liberarse. Unas cuerdas apretadas la mantenían atada a las vías del tren. Un **penacho** de humo se elevaba hacia el cielo a medida que el tren avanzaba, rugiendo, hacia ella…

—¡Deja de soñar despierta!

Sobresaltada, Anna May abrió los ojos. El tren desapareció. Vapor, no humo, salía de una caldera cercana llena de ropa sucia.

—¡Vuelve al trabajo! —la regañó su padre—. Tenemos ropa que lavar y planchar para todo el día.

Anna May suspiró. Ya no era una **damisela** en apuros en una película emocionante. Solo era una niña de nueve años que trabajaba en la lavandería de su padre en el áspero barrio chino de Los Ángeles. Sus hermanas, Mary y Lulu, **restregaban** la ropa con unos polvos contra las tablas del lavadero. Sus hermanos menores, James y Frank, metían los pantalones mojados en secadores **cilíndricos** chirriantes. Su madre, con el bebé Roger atado a la espalda, colgaba los vestidos a secar en una barra a lo largo del techo.

Anna May levantó la pesada plancha que yacía en la estufa de carbón y sintió el dolor de siempre en el brazo. Vio las pequeñas cicatrices

de quemaduras que le cubrían las manos. Anhelaba escapar de ese trabajo triste y agotador.

Cuando Anna May terminó de planchar las camisas, las puso en una canasta con la que subió la colina hasta las casas de los clientes. Cuando terminó de entregar la ropa, Anna May había reunido cinco centavos de propina. ¡Lo suficiente para comprar una entrada de cine para la **matiné** de la tarde!

No había nada que Anna May disfrutara más que el cine. Cuando veía una película, escapaba de la vida cotidiana, viajaba a lugares interesantes y experimentaba cosas nuevas.

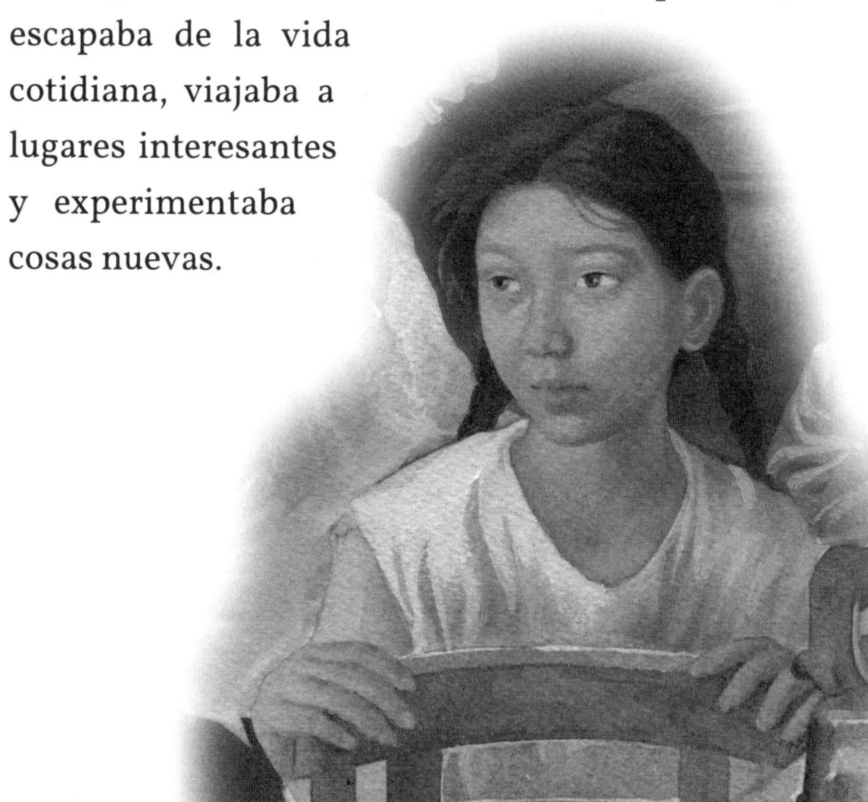

Anna May escondió su canasta de ropa afuera del cine, compró el boleto y entró en el teatro. Se oyeron los gritos ahogados del público cuando la **heroína** de la película quedó atrapada en un aserradero. Anna May se cubrió los ojos y miró por entre los dedos. La heroína, con las manos y los pies atados, yacía en una **cinta transportadora** en movimiento que se dirigía hacia las enormes cuchillas giratorias...

De repente, las luces inundaron la sala. La película había terminado en suspenso. Anna May tendría que esperar hasta la semana siguiente para ver si la heroína iba a ser rescatada.

Anna May deseaba que la vida fuera como las películas. Soñaba con un héroe que venía a rescatarla del trabajo en la lavandería y de los abusadores de la escuela.

La mayoría de los estudiantes de la escuela de Anna May eran blancos. Se burlaban de ella, le halaban las coletas y le gritaban nombres hirientes y racistas. Su padre le dijo a Anna May que se quedara callada y no se defendiera.

—Que no haya **malicia** en tu corazón hacia nadie —le dijo—. Siempre debemos estar

orgullosos de nuestra gente y de nuestra raza.

Anna May se esforzó por seguir el consejo de su padre, pero detestaba ir a la escuela. Una mañana, mientras Anna May se arrastraba con muy pocos deseos a la escuela, vio una **barricada** policial en la calle Flower. Cámaras y luces enormes ocupaban la acera. Un hombre enfocaba una cámara hacia una mujer vestida con harapos. ¡Estaban filmando una película!

Durante las próximas semanas, el set se convirtió en el nuevo salón de clases de Anna May. Faltaba regularmente a la escuela para ver la acción en el plató y hacer preguntas sobre la realización de películas. Su curiosidad divertía a los actores y al equipo, y pronto la apodaron la Curiosa Chica China.

Anna May amaba ese mundo apasionante y quería ser parte de él. Decidió que se convertiría en actriz. En lugar de ver películas, las protagonizaría. Sería rica y famosa, y podría mantener a su familia. Ya nadie tendría necesidad de trabajar en la lavandería.

Los barrios chinos de Estados Unidos

Cuando los primeros inmigrantes chinos llegaron a San Francisco en el siglo XIX, tenían **prohibido** vivir en ciertas partes de la ciudad debido a la discriminación. Como resultado, la mayoría de los inmigrantes terminaron instalándose en el mismo barrio, cerca de East Bay. Llamaron a esta zona "Dai Fou", que significa "Ciudad Grande".

En 1848, Dai Fou se conocía como el primer y más antiguo "barrio chino" del país. Era el centro económico, cultural y político de los inmigrantes chinos, que extrañaban a sus familias y hogares en China. Muchos inmigrantes se instalaron en pensiones, donde se les proporcionaba una habitación y comidas regulares. Las pensiones también servían como centros comunitarios donde se podía **socializar**, a la vez que les proporcionaban a los inmigrantes una dirección fija para enviar o recibir correo de sus familias en China. A medida que la población del barrio chino crecía, también lo hacían sus negocios. Muchos inmigrantes chinos abrieron restaurantes, mercados de alimentos, tiendas y lavanderías en el vecindario.

Cuando la población china empezó a desplazarse por Estados Unidos en busca de empleo y otras oportunidades económicas, se crearon barrios chinos similares en ciudades por todo el país, incluidas Nueva York, Chicago, Boston, Filadelfia, St. Louis, Minneapolis y Butte, en Montana. El barrio chino de Los Ángeles, donde Anna May Wong creció, se estableció en 1880 e incluía restaurantes, tiendas, lavanderías y viviendas de bajos ingresos para familias inmigrantes. En 1910, abarcaba más de 15 calles y 200 edificios, e incluía un teatro de ópera china y tres templos.

Durante las décadas de 1920 y 1930, la realización de películas floreció en Los Ángeles, y se filmaron muchas películas en el barrio chino. Hoy, unas 15 907 personas viven en el barrio chino de Los Ángeles. Pero, a diferencia de los tiempos en que Anna May Wong vivió allí, la población del barrio es ahora muy diversa, e incluye personas blancas, asiáticas, latinas y afroamericanas.

Calle Dupont, llamada ahora avenida Grant, en el barrio chino de San Francisco, 1910.

La avenida Grant en el barrio chino de San Francisco, 2012.

CAPÍTULO DOS

ANNA MAY, LA ACTRIZ

Todos los días, Anna May corría a casa para **recrear** en su dormitorio las escenas de la película que había visto. Practicaba diferentes emociones frente al espejo. Para mostrarse asustada, soltaba un gritito ahogado y se derrumbaba en el suelo. Para mostrarse enojada, gruñía y curvaba los dedos como garras.

Una noche, los padres de Anna May la sorprendieron mientras lloraba frente al espejo, secándose los ojos con un pañuelo. Ella les confesó que estaba imitando a los actores que había visto en el plató de cine, adonde iba en lugar

de asistir a la escuela. Furioso, su padre gritó:

—¡Tienes que ir a la escuela! ¡No faltes a clases! Una buena chica no puede ser actriz.

La sociedad china tradicional menospreciaba a las actrices.

El padre de Anna May la castigó, prohibiéndole faltar a la escuela de nuevo. Pero ningún castigo podía arrebatarle a Anna May sus sueños de ser una estrella de cine. A lo largo de sus años escolares, visitaba en secreto platós de cine cada vez que tenía la oportunidad.

Cuando Anna May era una adolescente, su padre le consiguió un trabajo como secretaria. Esperaba que prepararla para ejercer una carrera estable después de la secundaria pondría fin a sus fantasías de Hollywood. Sin embargo, Anna May fue despedida a la semana debido a sus pobres destrezas de **taquigrafía**.

Anna May creció hasta alcanzar cinco pies y siete pulgadas, y se vestía como una flapper de la década de 1920. Se cortó el pelo en un *bob* con un flequillo recto. Era hermosa y tenía muchos admiradores. Uno era un director de cine que necesitaba trescientos hombres y mujeres chinos para trabajar como extras en su película *The Red Lantern*. Anna May le rogó a su padre que la dejara hacer una **audición** para un papel. Podría ganar siete dólares y cincuenta centavos cada día. Su padre le dio permiso **a regañadientes**, porque la familia necesitaba el dinero.

Anna May fue elegida como extra para la película. En su primer día de rodaje, con la esperanza de lucir como una estrella, se puso en la cara polvo de arroz. Se rizó el cabello y se frotó varias hojas de papel de china rojo en los labios y las mejillas. Para su vergüenza, el director se rió y la mandó a lavarse la cara. A Anna May la decepcionó la sencillez de su trabajo. Todo lo que tenía que hacer era llevar una linterna roja por la calle.

Durante los años siguientes, Anna May trabajó como extra en muchas películas, con la esperanza de que algún día alguien la "descubriera" y le ofreciera un papel más importante. Nunca se quejó de las largas horas en los sets, y siguió todas las órdenes de los directores. Pronto, los críticos de cine empezaron a **alabar** sus ojos grandes y expresivos y su capacidad de transmitir emociones con movimientos elegantes de las manos.

Aunque el padre de Anna May desaprobaba su carrera como actriz, admiraba su **diligencia**. Ya que no podía convencerla de abandonar sus ideas necias acerca de Hollywood, le explicó a su hija, haría todo lo posible por ayudarla a triunfar. Por eso, insistió en llevarla en su auto a todas las audiciones y también le sugirió que viviera en la casa familiar. En lugar de pagar el alquiler de un apartamento, podría ahorrar el dinero que tanto le costaba ganar.

El auge de Hollywood

Hoy, cuando la gente escucha la palabra "Hollywood", piensa en películas, celebridades y glamur. Pero en 1870 Hollywood era un pequeño barrio de Los Ángeles, California. Tenía una oficina de correos, un hotel y dos mercados pequeños. No adquirió fama por la realización de películas hasta principios del siglo XX, cuando varias compañías cinematográficas se mudaron al oeste y comenzaron a producir en el área. California ofrecía más ventajas para los cineastas que la costa este, por su clima **templado** y casi siempre soleado durante todo el año, su geografía diversa para rodaje de películas al aire libre y propiedades baratas. Los Ángeles también proporcionaba mano de obra barata, ya que los sindicatos —organizaciones que protegen los derechos de los trabajadores y luchan por sus intereses— todavía no se habían establecido allí.

Durante la década de 1920, muchas más compañías cinematográficas se mudaron al área de Hollywood, incluyendo Paramount, Warner Bros., RKO y Columbia. Las películas se estaban volviendo cada vez más populares, así que, para exhibirlas mejor, se construyeron

El letrero original de Hollywood, construido en 1923. Las últimas cuatro letras se eliminaron cuando fue restaurado, en 1949.

salas de cine, también llamadas "palacios de cine". En ellos, muchas personas podían ver una película a la misma vez. ¡El teatro Roxy de la ciudad de Nueva York podía acomodar 6200 personas a la vez! Como la tecnología para **sincronizar** la película con el sonido aún no existía, las películas se mostraban con "intertítulos", de modo que la audiencia pudiera leer el diálogo. Una orquesta, un organista o un pianista proporcionaban música en vivo para darle más emoción a la película.

Las películas de entonces se filmaban en largas tiras de celuloide, un plástico transparente, que se enrollaban en grandes carretes de metal. Mil pies de celuloide equivalían a unos quince minutos de película, y la duración de una película se medía por el número de carretes que utilizaba. Los avances en la tecnología pronto llevaron al "largometraje", una película que podía durar una hora. Los largometrajes venían con un fragmento de noticias llamado "noticiero", un dibujo animado, anuncios y cortometrajes de diversa índole. En 1927, una entrada de quince centavos significaba una tarde entera de entretenimiento.

El año 1927 fue testigo del estreno de la primera película sonora, *The Jazz Singer.* La película incluía diálogos, canto y música, grabados por separado y luego sincronizados con la imagen en la película. Como las películas sonoras, conocidas en inglés como *talkies,* crecieron en popularidad, los estudios tuvieron que hacer muchos cambios para incorporar sonido en sus largometrajes. Para capturar el sonido se requerían equipos especiales e ingenieros que supieran utilizarlos, lo cual encarecía la producción. Los actores

Cartel de la película *The Jazz Singer* de 1927.

tenían que aprenderse sus líneas antes de filmar una escena, de modo que las imágenes y el sonido se pudieran grabar al mismo tiempo. La tecnología de los micrófonos mejoró y los hizo más sensibles, pero eso significaba que los ruidos de fondo interferían con la calidad del sonido. Los cineastas se vieron obligados a buscar lugares tranquilos y controlados donde hacer sus películas.

La adición de sonido también cambió la forma en que las películas se exhibían y eran experimentadas por el público. Los proyeccionistas que operaban los carretes con las imágenes de la película ahora también eran responsables de manipular los fonógrafos que proporcionaban el sonido. Si este no estaba sincronizado con la imagen, el público causaba un **alboroto** hasta que el proyeccionista lo arreglaba. Sin la ayuda de los intertítulos, los espectadores tenían que guardar silencio para escuchar el diálogo de los actores y entender el argumento. La incorporación del sonido al cine revolucionó la industria cinematográfica, y para actrices como Anna May Wong, a quien ahora el público podía ver y escuchar, significó un incremento dramático en fama y popularidad.

CAPÍTULO TRES

UNA ESTRELLA EN ASCENSO

Anna May consiguió su primer papel importante en *Bits of Life*, una película de 1921 donde Lon Chaney encarnó un hombre chino llamado Chin Chow. Anna May fue su esposa, Toy Sing. Para su sorpresa, Anna May se enteró de que no se les permitía besarse en la pantalla. Los estudios de cine prohibían a los actores y actrices de color besar a sus coprotagonistas blancos porque temían la desaprobación del público.

Peor aún, Anna May vio a un maquillador aplicar polvo amarillo a la cara de Chaney para darle lo que consideraban que era el tono de piel de los chinos. El maquillador también usó cinta adhesiva y **cola de maquillaje** para hacer que los ojos de Chaney lucieran exageradamente oblicuos. Este maquillaje se llamaba *yellowface*, que quiere decir "cara amarilla" en español.

El maquillaje de cara amarilla perturbó a

Anna May. Su padre siempre le había dicho que se sintiera orgullosa de su raza, pero el feo maquillaje la hizo sentirse avergonzada. Se preguntó si los espectadores de la película asumirían que todos los chinos se veían así de horribles.

Aun así, Anna May ganaba ciento cincuenta dólares a la semana, dinero que su familia necesitaba. Dejó a un lado sus preocupaciones y desempeñó el papel.

En sus siguientes películas, Anna May actuó

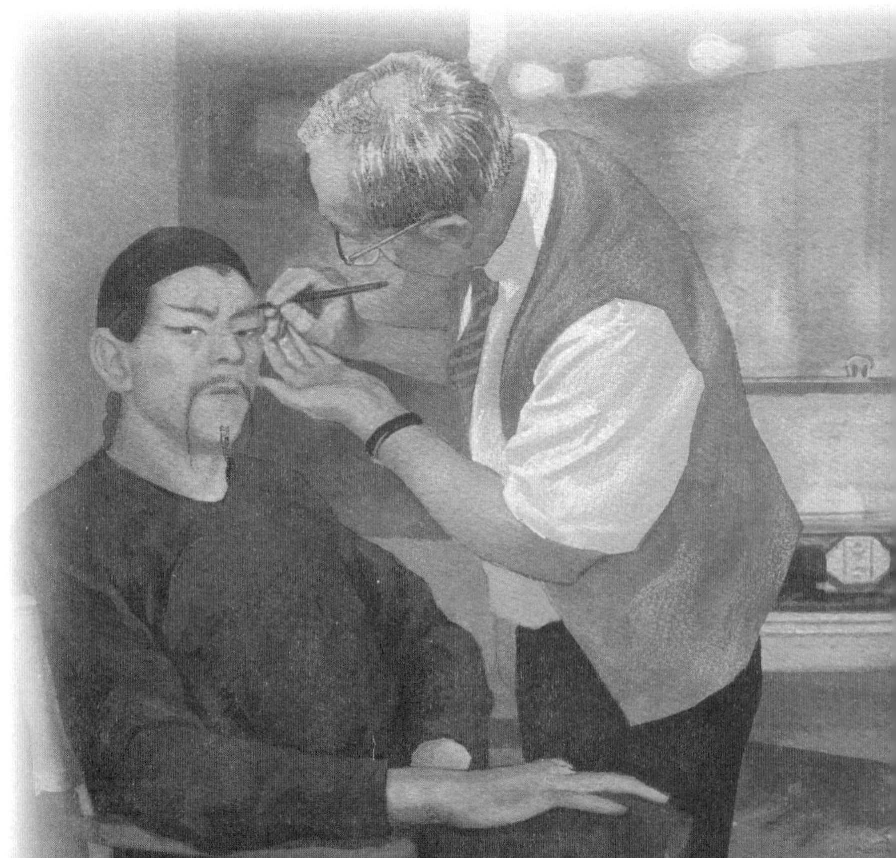

en papeles secundarios. Aunque estaba orgullosa de ayudar a su familia con los ingresos que le proporcionaban las películas, no estaba orgullosa de los papeles que le asignaban. Muchos de sus personajes representaban a las mujeres chinas bajo una luz negativa y promovían **estereotipos** como el de la asustada y sumisa "muñeca china" o el de la malvada y **dominante** "dama dragón".

Anna May odiaba esas imágenes **degradantes**, pero no podía darse el lujo de rechazar

los papeles. Siempre ofreció su mejor actuación, esperando que algún día le tocara un papel protagónico **digno**. Por fin, frustrada con Hollywood, se mudó a Europa por unos años y consiguió papeles secundarios en películas británicas y alemanas. En 1929, su papel de elegante bailarina en *Piccadilly* la convirtió en una sensación de la noche a la mañana en Europa. La gente la perseguía dondequiera que iba, y las chicas europeas se cortaban el flequillo como ella. Finalmente había logrado su sueño de ser una estrella internacional.

CAPÍTULO CUATRO

SUEÑOS ROTOS

Confiada, Anna May regresó a Estados Unidos en 1935 a una audición para la que era considerada la película más importante de la época para los actores asiáticoamericanos. La versión cinematográfica de la novela *The Good Earth* de Pearl S. Buck, ganadora del Premio Pulitzer, representaría a China de una manera realista.

Anna May quería el papel principal de O-lan, la leal y bondadosa esposa del granjero chino Wang Lung. Pero ya le habían dado el papel del granjero al actor Paul Muni, nacido en Austria. En el guion, O-lan tenía que besar a su marido. Debido a que los estudios de cine prohibían los besos interraciales, solo una actriz blanca podría ser elegida como su esposa. Luise Rainer, una actriz de origen alemán, consiguió el papel.

Con el corazón roto, Anna May se encontraba en una encrucijada en su carrera. El racismo le impedía lograr su sueño de convertirse en una estrella de Hollywood.

Le encantaba actuar, pero se sentía incómoda por tener que representar papeles que mostraban imágenes racistas. Se preguntó por qué Hollywood y los estadounidenses aceptaban esas visiones injustas. ¿Estaba haciendo más daño que bien con sus papeles?

—Estoy desgarrada entre mi raza y mi patria —dijo.

Al no sentirse bienvenida en su propio país, Anna May decidió irse a China. Fue a visitar a sus padres, que se habían jubilado recientemente y

habían regresado a vivir allí. Aunque Anna May nunca había estado en China, estaba ansiosa por aprender más sobre su herencia.

—Voy a viajar a un país extraño —les dijo a los periodistas mientras abordaba el SS *President Hoover*—. Y, sin embargo, en cierto modo, regreso al hogar.

Blanqueamiento

El término "blanqueamiento" describe lo que sucede cuando se elige a un actor blanco para que represente un personaje originalmente escrito o **concebido** como no blanco. Esta práctica de reparto se ha llevado a cabo durante décadas en Hollywood. El término volvió a ser popular recientemente, cuando activistas asiáticoestadounidenses protestaron por el blanqueamiento de papeles asiáticos y asiáticoestadounidenses en películas de Hollywood. Las películas criticadas por blanquear incluyen la versión del 2017 de la popular serie japonesa de manga y anime *Ghost in the Shell*, protagonizada por Scarlett Johansson como la protagonista japonesa, y *Doctor Strange*, donde Tilda Swinton fue seleccionada para representar a "El Anciano".

Los críticos dicen que el blanqueamiento borra o

Tilda Swinton y Chiwetel Ejiofor en *Doctor Strange*, 2016.

trivializa la presencia de personas de color en los medios. Incluso, hay películas donde un personaje asiático se reescribe para que sea una persona blanca. Por ejemplo, la película *21* se basó en la vida real de Eugene Ma, un estudiante asiáticoestadounidense de MIT que usó sus habilidades matemáticas para obtener enormes ganancias en los casinos de Las Vegas. Pero el personaje fue reescrito como estudiante blanco de MIT y un actor inglés blanco interpretó el personaje ficticio basado en Ma.

Muchos activistas también critican las películas de Hollywood y los programas de televisión que se centran en una historia ambientada en Asia y/o la cultura asiáticoestadounidense, pero se cuentan desde el punto de vista de un "forastero" blanco que vive en ese mundo. Ejemplos incluyen desde *The Last Samurai* hasta *The Great Wall* pasando por la serie de televisión *Iron Fist*.

La situación en Hollywood parece estar mejorando a medida que más actores toman conciencia del tema. Cuando el actor Ed Skrein fue elegido para interpretar el papel del personaje asiático Capitán Ben Daimio en la película *Hellboy* del año 2019, la comunidad asiáticoestadounidense protestó por el blanqueamiento en las redes sociales. Skrein decidió rechazar el papel para que un actor asiáticoestadounidense fuera elegido en su lugar, declarando: "La representación de la diversidad **étnica** es importante, especialmente para mí, ya que tengo una herencia mixta. Es nuestra responsabilidad tomar decisiones morales en tiempos difíciles y dar voz a la inclusión. Espero que algún día estas discusiones sean cada vez menos necesarias y que podamos ayudar a que la representación igualitaria en las artes se haga realidad".

Como resultado, el actor asiáticoestadounidense Daniel Dae Kim fue elegido para el papel.

Una encuesta del año 2018 de la Asociación Cinematográfica de Estados Unidos reveló que los latinos y los asiaticoestadounidenses fueron mayoría en las audiencias cinematográficas en 2017. A medida que el número de minorías en Estados Unidos sigue aumentando, especialmente en el público de las películas, parece que Hollywood se está poniendo al día. En 2018, la película *Crazy Rich Asians* se convirtió en la primera película en 25 años producida por un estudio grande con un elenco asiático. Recaudó más de $110 millones en Estados Unidos en las primeras tres semanas. Con cada vez más personas de orígenes diversos que exigen verse reflejadas en pantalla con autenticidad, será interesante ver cómo cineastas y cinéfilos continúan influyendo en el futuro de Hollywood.

CAPÍTULO CINCO

ANNA MAY EN CHINA

Anna May llegó a Shanghái el 9 de febrero de 1936. Junto con los miles de admiradores chinos que la vitoreaban desde el muelle había otros tantos chinos resentidos con ella por interpretar papeles que creían que eran una falta de respeto a los asiáticos. Anna May defendió su carrera, explicando con amabilidad que, si quería ser actriz, a menudo no tenía opción de elegir los papeles que quería interpretar.

Durante su estadía, Anna May absorbió tanta

cultura china como pudo. Estudió **filosofía** china, fue a una escuela de teatro china y tomó clases del idioma chino. Asistió a elegantes cenas de quince platos con **embajadores** para ayudar a crear lazos de buena voluntad entre China y Estados Unidos. En una fábrica de seda, se hizo tomar las medidas para un vestido de seda tradicional, llamado *cheongsam*, para mostrar su orgullo por su herencia china. También viajó en palanquines, visitó templos, vio la Gran Muralla China y firmó autógrafos para devotos admiradores chinos.

En Chang On, la aldea ancestral de su familia,

Anna May y su padre hablaron durante horas sentados en los escalones de su casa. Por primera vez, su padre le habló de su infancia en Sacramento, California, donde había trabajado en las peligrosas minas de oro. Aprendió cuánto se había sacrificado su padre para que su familia pudiera tener una vida mejor en Estados Unidos.

—Debemos estar siempre orgullosos de nuestra gente y nuestra raza —le recordó su padre.

Anna May entendió mejor a su padre y se sintió orgullosa de sus logros. Al mirarlo a los ojos, se dio cuenta de que él también estaba orgulloso de ella. Anna May decidió que en lo adelante iba a honrar a su padre y su cultura, luchando por una imagen más **auténtica** de los asiáticos en la pantalla. "Nunca más volveré a actuar en una película que muestre a los chinos bajo una luz **desfavorable**", se prometió.

Anna May Wong imaginaba con ilusión su futuro en Hollywood, donde interpretaría papeles de los que podría estar orgullosa. Y, por primera vez en su vida, realmente se sintió como una estrella luminosa.

Los chinos en Estados Unidos

Todo comenzó con Gold Mountain.

En el siglo XIX, China había pasado de ser una de las naciones más poderosas del mundo a ser una de las más pobres. Su población se había duplicado de 150 millones en el año 1650 a 300 millones en 1800. No había suficientes trabajos disponibles ni tierras suficientes para cultivar y alimentar a todos.

Al otro lado del océano Pacífico, un hombre llamado James W. Marshall descubrió oro en Sutter's Mill, en Coloma, California, en 1848. Esto desató la **fiebre del oro de California**, y gente de todo Estados Unidos se mudó a California con la esperanza de encontrar oro. La noticia pronto llegó a lugares tan lejanos como China. Los chinos llamaron a Estados Unidos "Gum Shan", que significa "Montaña Dorada". Miles de hombres chinos marcharon a Estados Unidos con la esperanza de hacerse ricos.

Cuando los inmigrantes chinos llegaron, no encontraron oro. En cambio, muchos se vieron obligados a asumir trabajos físicamente difíciles por un salario muy bajo. Algunos inmigrantes trabajaron en

Una caricatura política de 1881 que muestra a un hombre chino a quien se le prohíbe la entrada a la "Puerta Dorada de la Libertad".

las minas de oro pertenecientes a colonos blancos. Muchos ayudaron a construir el **ferrocarril transcontinental** que unió la costa oeste de Estados Unidos con la red ferroviaria que ya existía en el este del país. Arriesgaban sus vidas todos los días en esos trabajos peligrosos. Además, muchos inmigrantes chinos trabajaron como empleados domésticos y granjeros. Otros abrieron restaurantes, tiendas y lavanderías. El negocio de lavandería se convirtió en uno de los trabajos más populares entre los inmigrantes chinos. En 1900, uno de cada cuatro hombres chinos trabajaba en una lavandería, incluyendo el padre de Anna May Wong.

La población china en Estados Unidos se disparó de 4000 en el año 1850 a más de 100000 en 1880, lo cual despertó el rechazo hacia los chinos por parte de la población blanca estadounidense, que temía que los inmigrantes les arrebataran sus trabajos. Esos sentimientos provocaron actos de racismo y violencia hacia los chinos que vivían en la costa oeste. Muchos fueron expulsados de sus asentamientos por muestras de **animosidad** o por legislación como la **Ley de Exclusión China** de 1882, que restringió la emigración de trabajadores chinos a Estados Unidos. Era la primera vez que Estados Unidos emitía una ley para limitar la inmigración sobre la base de la raza de una persona. No fue sino hasta 1943, cuando Estados Unidos y China formaron una alianza durante la Segunda Guerra Mundial, que el gobierno de Estados Unidos les volvió a permitir la entrada a los inmigrantes chinos. En 1965, la **Ley de Inmigración y Nacionalidad** eliminó los límites en el número de inmigrantes asiáticos que ingresan a Estados Unidos.

Hoy en día hay casi 332 millones de personas viviendo en Estados Unidos. De esa cifra, 5,2 millones son de ascendencia china. Según las últimas estadísticas de la Oficina del Censo de Estados Unidos, la población asiática está creciendo más rápido que los demás grupos raciales. Los investigadores predicen que el porcentaje de personas de ascendencia asiática aumentará del 7,2% de la población a más del 10% para el año 2060.

CAPÍTULO SEIS

EL REGRESO

Anna May cumplió su promesa. Tras regresar a Hollywood, el primero de sus muchos papeles positivos fue en *The Daughter of Shanghai*, película estrenada en 1937. Interpretó a una hija chinaestadounidense, leal y amorosa, que resuelve el misterio del asesinato de su padre.

—Me gusta mi papel en esta película más que ningún otro —dijo con orgullo—. Esta película les da un respiro a los chinos. Representamos papeles más agradables. Para mí eso significa mucho.

Durante el resto de su carrera actoral, Anna May Wong aceptó solo papeles positivos hacia los asiáticos, incluidos los personajes de Lin Ying en *Bombs Over Burma* (1943) y Kwan Mei en *The Lady from Chungking* (1942). Anna May donó el dinero que ganó con estas películas a una organización de ayuda humanitaria a China, que auxiliaba a los refugiados chinos desplazados por las invasiones japonesas de finales de la década de 1930. También subastó su **extensa** colección de vestidos de gala y envió dinero y suministros médicos a China durante la Segunda Guerra Mundial.

En la década de 1950, Anna May hizo la transición del cine a la televisión, invitada a programas populares como *The Life and Legend of Wyatt Earp* y la serie del detective Mike Hammer. También protagonizó un programa de corta duración llamado *The Gallery of Madame Liu-Tsong*, sobre una detective dueña de una galería de arte que busca tesoros artísticos. *Portrait in Black*, la última de las más de cincuenta películas en que apareció Anna May, se estrenó en 1960.

Anna May nunca se casó ni tuvo hijos. Durante sus últimos años, vivió con su hermano Richard y varios gatos y perros. También atendía con cuidado un gran jardín de plantas exóticas.

El 3 de febrero de 1961, mientras dormía, Anna May Wong murió de un ataque al corazón a la edad de cincuenta y seis años. Durante mucho tiempo, su carrera fue vista bajo una luz negativa. Los estudiosos del cine y el público en general criticaban lo que percibían como representaciones estereotipadas de personajes asiáticos.

En los últimos años, sin embargo, muchos estudiosos y admiradores se han dado cuenta de cuánto luchó Anna May contra la discriminación en la industria del cine. Los críticos ahora elogian la habilidad de Anna May de otorgarles humanidad y compasión a los limitados papeles que interpretó. Hoy, los aspirantes asiáticoestadounidenses a actores y actrices reconocen sus importantes contribuciones para mejorar la imagen de los asiáticos en la pantalla. Anna May Wong dijo que se sentía "suspendida entre mundos" por su ascendencia china y su educación estadounidense. Su legado selló una brecha entre ambos mundos y ayudó a abrir puertas para la generación actual de actores.

Foto de Anna May Wong de adulta, frente a un aparador ornamentado.

CRONOLOGÍA

1905 3 de enero: Anna May Wong nace en Los Ángeles, California

1921 Interpreta su primer gran papel en *Bits of Life*

1928 Frustrada con los papeles que ofrecía Hollywood, Anna se muda a Europa para tener otras oportunidades de actuar

1929 Se convierte en una sensación de la noche a la mañana por su papel en *Piccadilly*

1935 Regresa a Estados Unidos con la esperanza de conseguir un papel principal en *The Good Earth*

1936 9 de febrero: Viaja a Shanghái, China, para visitar a sus padres

1937 Regresa a Hollywood para actuar en *Daughter of Shanghai*, su primer papel auténtico y positivo hacia los asiáticos

Década de 1950 Transición del cine a la televisión

1960 Actúa por última vez en la película *Portrait in Black*

1961 3 de febrero: muere a la edad de 56 años

GLOSARIO

a regañadientes *adverbio* hacer algo de mala gana

alabar *verbo* elogiar, demostrar admiración

alboroto *sustantivo* una conmoción ruidosa, escándalo

animosidad *sustantivo* un sentimiento de disgusto intenso

audición *sustantivo* una breve presentación que un artista da para mostrar sus talentos con el objetivo de obtener un papel en una producción

auténtica *adjetivo* genuina, real

barricada *sustantivo* una estructura no permanente construida para bloquear una entrada o un área

cilíndrico *adjetivo* un objeto de tres caras, con lados rectos y extremos circulares. Una lata de refresco es un ejemplo de un cilindro.

cinta transportadora *sustantivo* un tramo largo de material que se mueve continuamente para llevar objetos de un lugar a otro

cola de maquillaje *sustantivo* una solución de secado rápido que los actores usan para colocar cabello falso y otros accesorios en sus rostros

concebido *adjetivo* creado o imaginado

damisela *sustantivo* una joven soltera

degradante *adjetivo* humillante, deshonroso, no digno de respeto

desfavorable *adjetivo* perjudicial, dañino

digno *adjetivo* que muestra dignidad o respeto por sí mismo

diligencia *sustantivo* concentración, laboriosidad

dominante *adjetivo* controlador o intimidante

embajador *sustantivo* un funcionario del gobierno de alto rango que representa a su país dentro del territorio de un país diferente

estereotipos *sustantivo* creencias falsas que un gran número de personas tienen sobre personas con una característica específica

étnica *adjetivo* perteneciente a una etnia o gran grupo de personas que comparten las mismas costumbres, prácticas religiosas y orígenes

extensa *adjetivo* grande, amplia

ferrocarril transcontinental *sustantivo* un sistema ferroviario construido entre 1863 y 1869 que conectaba la costa este de Estados Unidos con la costa oeste, conocido formalmente como el Primer Ferrocarril Transcontinental

fiebre del oro de California *nombre propio* un evento histórico que duró desde 1848 hasta 1855. Después de que se encontrara oro en Coloma, California, 300 000 personas de Estados Unidos y del resto del mundo llegaron a la zona con la esperanza de encontrar oro y hacerse ricas.

filosofía *sustantivo* el estudio del conocimiento y las ideas sobre el significado de la vida

heroína *sustantivo* una mujer que es admirada por su coraje y otras nobles cualidades

Ley de Exclusión China *nombre propio* una ley federal firmada en el año 1882 que prohibía la inmigración de trabajadores chinos a Estados Unidos. Fue la primera ley importante que restringió la inmigración a Estados Unidos.

Ley de Inmigración y Nacionalidad *nombre propio* legislación federal firmada en 1965 que hizo ilegal prohibir que una persona migre a Estados Unidos tomando como pretexto su raza, ascendencia o nacionalidad

malicia *sustantivo* un sentimiento de querer causarle daño a alguien

matiné *sustantivo* una película u obra de teatro proyectada temprano en la tarde

penacho *sustantivo* la forma del vapor, el humo o el agua a medida que se eleva en el aire

prohibido *adjetivo* que no está permitido

recrear *verbo* repetir una acción o un acontecimiento

restregar *verbo* limpiar frotando algo duro contra una superficie áspera

sincronizar *verbo* hacer que dos o más cosas sucedan al mismo tiempo o velocidad

socializar *verbo* hablar o interactuar con otras personas de manera casual

taquigrafía *sustantivo* una forma de escribir rápidamente que usa abreviaturas en lugar de palabras o frases

templado *adjetivo* clima con temperaturas que no son ni muy calientes ni muy frías

trivializar *verbo* hacer que algo parezca menos importante de lo que es

FUENTES DEL TEXTO

Chan, Anthony B. *Perpetually Cool: The Many Lives of Anna May Wong (1905-1961)*, Lanham, MD: Rowan & Littlefield, Scarecrow Press, 2003.

Chang, Iris. *The Chinese in America: A Narrative History*. New York: Penguin Books, 2004.

Hodges, Graham Russell Gao. *Anna May Wong: From Laundryman's Daughter to Hollywood Legend*. New York: Palgrave Macmillan, 2004.

Leibfried, Philip and Chei Mi Lane. *Anna May Wong: A Complete Guide to Her Film, Stage, Radio and Television Work*. Jefferson, NC: McFarland & Company, Inc., 2004.

Leong, Karen J. *The China Mystique: Pearl S. Buck, Anna May Wong, Mayling Soong, and the Transformation of American Orientalism*. Berkeley: University of California Press, 2005.

FUENTES DE LAS NOTAS INFORMATIVAS

LOS BARRIOS CHINOS DE ESTADOS UNIDOS

Goyette, Braden. "How Racism Created America's Chinatowns." Accessed May 14, 2018. https:// www.huffingtonpost.com/2014/11/11/american-chinatowns-history_n_6090692.html.

Tsui, Bonnie. *American Chinatown: A People's History of Five Neighborhoods*. New York: Simon & Schuster, Inc., 2009.

EL AUGE DE HOLLYWOOD

AMC Film Site. "The History of Film: The 1920s, The Pre-Talkies and the Silent Era." Accessed May 14, 2018. http://www.filmsite.org/20sintro.html.

Foster, Diana. "The History of Silent Movies and Subtitles." Posted November 19, 2014. https://www.vicaps.com/blog/history-of-silent-movies-and-subtitles/.

Roland, Zelda. "How Did Hollywood End Up in . . . Hollywood?" Accessed May 14, 2018. https://www.kcet.org/shows/lost-la/how-did-hollywood-end-up-in-hollywood.

Schatz, Thomas. *Boom and Bust: American Cinema in the 1940s*. History of the American Cinema. Berkeley: University of California Press, 1999.

Thompson, Emily. "A Very Short History of the Transition from Silent to Sound Movies." Accessed June 14, 2018. http://www.wonderstruckthebook.com/essay_silent-to-sound.htm.

BLANQUEAMIENTO

Brevet, Brad. "'Crazy Rich Asians' Tops Labor Day Weekend, 'Fallout' is Big in China & 'Incredibles 2' Tops $600 million." Box Office Mojo. Posted September 2, 2018. https://www.boxofficemojo.com/article/ed3059811332/.

Couch, Aaron and Borys Kit. "Ed Skrein Exits 'Hellboy' Reboot After Whitewashing Outcry." *Hollywood Reporter*, August 28, 2017. https://www.hollywoodreporter.com/movies/movie-features/ed-skrein-exits-hellboy-reboot-whitewashing-outcry-1033431/.

Locker, Melissa. "Latinos and Asians Dominated Movie Audiences in 2017. Will Hollywood Listen?" *Fast Company*, April 5, 2018. https://www.fastcompany.com/40554898/ latinos-and-asians-dominated-movie-audiences-in-2017-will-hollywood-listen.

Lowe, Kenneth. "The Scrutable West: Industry Bias, Whitewashing and the Invisible Asian in Hollywood." *Paste Magazine*, September 16, 2017. https://www.pastemagazine.com/movies/whitewashing/bias-does-not-come-out-with-the-whitewash.

Motion Picture Association of America. "Theme Report: A comprehensive analysis and survey of the theatrical and home entertainment market environment (THEME) for 2017." Accessed May 14, 2018. https://www.mpaa.org/wp-content/uploads/2018/04/MPAA-THEME-Report-2017_Final.pdf.

Scherker, Amanda. "Whitewashing Was One of Hollywood's Worst Habits. So Why Is It Still Happening?" *Huffington Post*, last updated December 6, 2017. https://www. huffingtonpost.com/2014/07/10/Hollywood-whitewashing_n_5515919.html.

United States Census Bureau. Accessed March 23, 2018. https://www.census.gov.

LOS CHINOS EN ESTADOS UNIDOS

Asia for Educators. "Introduction to China's Modern History." Accessed May 14, 2018. http://afe.easia.columbia.edu/timelines/china_modern_timeline.htm.

Brands, H. W. *The Age of Gold: the California Gold Rush and the New American Dream*. New York: Anchor Books, 2002.

Chin, Doug. "The Chinese Exclusion Acts: A Racist Chapter in U.S. Civil Rights History." Accessed May 14, 2018. http://ocaseattle.org/2012/05/21/the-chinese-exclusion-acts-a-racist-chapter-in-u-s-civil-rights-history/.

Lee, Erika. *The Making of Asian America: A History*. New York: Simon & Schuster, 2015.

Smith-Baranzin, Marlene. *A Golden State: Mining and Economic Development in Gold Rush California*. Berkeley: University of California Press, 1999.

United States Census Bureau. Accessed May 14, 2018. https://www.census.gov.

LECTURAS ADICIONALES RECOMENDADAS

Los libros de ficción están marcados con un asterisco.

LOS INICIOS DEL CINE Y LOS PRIMEROS ACTORES

Malone, Alicia. *Backwards and in Heels: The Past, Present and Future of Women Working in Film*. Miami, FL: Mango, 2018.

Mochizuki, Ken. *Be Water, My Friend: The Early Years of Bruce Lee*. New York: Lee & Low Books, 2006.

* Selznick, Brian. *The Invention of Hugo Cabret*. New York: Scholastic, 2007.

* Selznick, Brian. *Wonderstruck*. New York: Scholastic, 2011.

LA INMIGRACIÓN CHINA

* Honeyman, Kay. *The Fire Horse Girl*. New York: Arthur A. Levine Books/Scholastic, 2013.

* Russell, Ching Yeung. *Tofu Quilt*. New York: Lee & Low Books, 2009.

Wilson, Steve. *The California Gold Rush: Chinese Laborers in America (1848-1882)*. New York: PowerKids Press/ Rosen Publishing, 2016.

* Yep, Laurence. *Dragonwings*. New York: Harper & Row, 1975

PELÍCULAS Y VIDEOS SELECTOS

Piccadilly (1929)

A Study in Scarlet (1933)

Daughter of Shanghai (1937)

Lady from Chungking (1942)

"Dangerous to Know: The Career and Legacy of Anna May Wong." Presentación por Yunah Hong en el Asian American/Asian Research Institute at the City University of New York. (23 de enero, 2013) https://www.youtube.com/watch?v=Uv-L06s7M3Q.

SOBRE LA AUTORA Y LA ILUSTRADORA

PAULA YOO es una autora y guionista cuyos libros infantiles para Lee & Low incluyen *Sixteen Years in Sixteen Seconds*, *Shining Star* y varios títulos de la serie Confetti Kids. Sus títulos han sido reconocidos por la Asociación Internacional de Lectura, la lista del premio Bluebonnet de Texas y el premio de Lee & Low New Voices. Yoo trabaja en televisión y vive con su esposo en Los Ángeles, California. Puedes visitarla en línea en paulayoo.com.

LIN WANG ha ilustrado varios libros para niños, incluido *The Crane Girl* para Lee & Low Books. Tuvo formación clásica como retratista e hizo una maestría en Bellas Artes en el Savannah College of Art and Design. Su trabajo ha sido reconocido por la Muestra de Arte Original de la Sociedad de Ilustradores. Wang vive en el Área de la Bahía de San Francisco con su esposo y sus hijos.

SOBRE LA TRADUCTORA

EIDA DEL RISCO enseña español en la Universidad de Nueva York. Ha traducido y editado cientos de libros para niños de autores como Kate DiCamillo, Stuart Gibbs, Dr. Seuss, Eric Velasquez, Yuyi Morales y Christopher Paul Curtis. Entre los libros que ha traducido para Lee & Low están *Cotorras sobre Puerto Rico, El mangle* y *El ciclo del arroz, el ciclo de la vida*. Por este último obtuvo el premio Campoy-Ada en 2023.